KB143758

내 친구 한자툰 ❷ 자연

찾아라! 자연 속 그림 한자

초판 1쇄 발행 2013년 12월 2일 | **초판 7쇄 발행** 2023년 3월 1일
글 벼리 강(綱) | **그림** 최윤주 | **감수** 임완혁
펴낸이 김경택 | **편집책임** 최영선 | **편집** 정현수
디자인책임 차승미 | **디자인** 윤미수 이혜진 박은영 | **사진** 토픽 게티이미지 유로크레온
제작 박천복 김태근 고형서 | **마케팅** 윤병일 유현우 송시은 | **홍보디자인** 최진주
펴낸곳 (주)그레이트북스 | **등록** 2003년 9월 19일 제 313-2003-000311호
주소 서울시 구로구 디지털로31길 20 에이스테크노타워5차 12층
대표번호 (02) 6711-8673 | **홈페이지** www.greatbooks.co.kr

찾아라! 자연 속 그림한자

글 뼈리강(綱) | 그림 최윤주 | 감수 임완혁(영남대 한문교육과 교수)

그레이트
BOOKS

자유로운 상상의 나래를 펼치며
한자, 그 너머를 배우다!

누구나 한자를 배워야 한다는 데 공감하지만 막상 제대로 익히는 일은
쉽지 않습니다. 그런 면에서 〈내 친구 한자툰〉은 아이들의 눈높이에 맞춘
신선한 접근으로 눈길을 끕니다.

유쾌함과 즐거움이 넘칩니다. 재치 있는 소재, 화면 가득한 그림,
참신한 구성으로 엮인 한자의 파노라마가 흥미진진하게 펼쳐집니다.
자연스럽게 한자를 익힐 수 있습니다. 그림에서 출발한 한자의 특징과
기억이 용이한 그림의 장점을 결합하여 한자를 그냥 외우는 것이 아니라
제대로 알고 익히게 해 줍니다.
효율적이고 바람직한 한자 학습의 예를 보여 줍니다. 한자의 구성 요소인
모양, 소리, 뜻을 종합적으로 이해하고 자연스럽게 습득하도록 했습니다.
나아가 일상생활에서 쓰이는 한자의 예를 덧붙여 언어로서의 활용도를
높였습니다.

더불어 문화적 감수성과 개방된 사고, 인문적 사유를 키우면서 한자 학습을
즐길 수 있도록 배려한 점이 돋보입니다. 〈내 친구 한자툰〉은 학습 부담을
최소화하면서도 자연스러운 학습 과정을 통해 한자의 세계를 열어 줍니다.
이 책을 통해 아이들이 한자는 물론 그 이상의 가치를 배우길 기대합니다.

영남대학교 한문교육과 교수 임완혁

이미지 리마인드 시스템
Image Re-Mind System

한자를 보면 그림이 바로 떠오르는
새로운 한자 학습법입니다. 한자를 그림으로
떠올리면 한자의 뜻은 저절로 따라옵니다.

瞬 間
순간

日

해 일

1 단계
어미자로 출발

간단한 한자가 어떤 사물의
모양을 본떠 만들어졌는지
그림으로 알아봅니다.

間

사이 간

2 단계
가족자로 확장

간단한 한자에 다른 글자가
더해져 복잡해진 한자도
그림으로 쉽게 이해합니다.

3 단계
한자어로 응용

한자가 들어가는 어휘를
그림으로 익힙니다.

내친구 한자툰 이 특별한 5가지 이유

01 간단한 한자 1개로 복잡한 한자 10개를 잡아요

진짜 돼?

처음에 한자는 水(물 수)처럼 사물의 모양을 본뜬 간단한
글자(어미자)부터 만들어졌어요. 그 뒤 간단한 글자(어미자)에 다른
글자를 더해 새로운 뜻의 복잡한 글자(가족자)들이
생겨났어요. 물을 본떠 만든 水(물 수)에
사람(子)을 들어 올리는 손(爫)이
더해지면 浮(뜰 부)가 되지요.
〈내 친구 한자툰〉은 한자가
만들어지는 이 같은 원리를
통해 水(물 수)처럼 간단한
한자 1개로 浮(뜰 부)처럼
복잡한 한자 10개를 익히는
쉬운 방법을 알려 줘요.

● 물에 빠진 사람을 손으로 들어 올리니

뜰 부

浮

손

사람

물

02 한자를 그림으로 기억해요

浮(뜰 부) 자를 익힐 때 우리는
보통 '浮'라는 모양, '뜨다'라는 뜻, '부'라는 소리를
따로 외워 왔어요. 하지만 浮(뜰 부)를 보고, 물에 빠진 사람을
손으로 들어 올리는 장면을 떠올릴 수 있다면 어렵지 않게 한자의
모양과 뜻을 알 수 있어요. 〈내 친구 한자툰〉은 한자 자체를 한 편의
그림으로 풀어서 한자의 뜻과 모양을 종합적으로 이해하며 기억할
수 있게 했어요.

한자야?
그림이야?

???

03 어휘력이 풍부해져요

우리말의 70%는 한자어! 특히 국어, 사회, 수학, 과학 등의 교과서에
나오는 학습어 대부분이 한자어예요. 그래서 한자를 아는 아이들과 모르는
아이들은 교과 이해도에서 크게 차이가 나지요. 〈내 친구 한자툰〉은 한자를
익히는 데서 끝나지 않고, 어휘와 연결해 실제로 활용할 수 있게 도와줘요.

04 옛사람들의 생활이 보여요

한자에는 옛사람들의 삶과 문화가 배어 있어요. 옛날에는
가뭄이 들면 하늘에 비를 바라는 제사를 지냈어요. 이런
문화 속에서 나온 글자가 需(구할 수)예요. 당시 문화를
모르면 '需'가 왜 '구하다'라는 뜻으로 쓰이는지 이해할 수
없지요. 〈내 친구 한자툰〉은 옛사람들의 생활 속에서
한자를 깊이 있게 이해하도록 도와줘요.

05 웃다 보면 저절로 한자 공부가 돼요

〈내 친구 한자툰〉은 재미있어요. 자연 속의 그림 한자를 찾아 떠나는
딴지와 고깔이의 좌충우돌 모험을 따라가며 깔깔 웃다 보면 어느새 한자가
쏙쏙, 저절로 기억될 거예요.

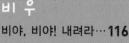

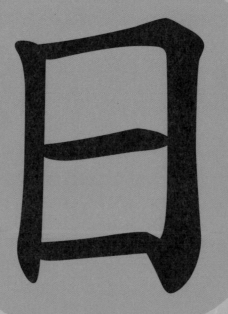

해일

세상을 밝게 비추는 해

日(해 일)은 둥근 해의 모양을 본떠 만들었어.

☀ ➡ ⊙ ➡ 日

해는 매일 아침 떠올라 세상을 밝혀.
그래서 日(해 일)이 들어간 글자들은
해가 뜨는 때나 밝은 햇빛과 관련이 많아.
해는 하루에 한 번씩 뜨고 지니까 日(해 일)을
'하루', '날'이라는 뜻으로 쓰기도 해.

01 • 하루를 여는 해
朝 조
旦 단

02 • 햇빛이 비추면
景 경
曜 요

03 • 내리쬐는 햇살
間 간
普 보

해가 뜨면 아침이야

지평선이나 수평선 너머로 해 뜨는 모습을 본 적 있니?
어둠 사이로 조금씩 솟아오르다가 어느새 훌쩍 떠올라 세상을
밝히지. 그렇게 해 뜨는 모습으로 아침이라는 뜻을 나타냈어.

조삼모사(朝三暮四)가 싫다면...

• **조삼모사** (朝 아침 조 + 三 석 삼 + 暮 저물 모 + 四 넉 사) 아침에 세 개, 저녁에 네 개.
당장 눈앞에 보이는 차이만 알고, 그 결과가 같음은 모르는 어리석음을 나타내는 말.

조조(早朝) 영화는 무리야

- **조조** (早 이를 조 + 朝 아침 조) 이른 아침.
- **조조할인** (早 이를 조 + 朝 아침 조 + 割 나눌 할 + 引 당길 인)
  극장에서 아침 일찍 오는 사람들에게 요금을 깎아 주는 것.
- **조식** (朝 아침 조 + 食 밥 식) 아침에 먹는 밥.

환한 햇빛을 받으면

떠오른 해는 세상을 환히 밝혀. 어두울 때는 잘 보이지 않던
주변이 뚜렷하게 드러나고 햇빛을 받아 반짝거리기도 하지.

나 지금
빛나고 있니?

● 새의 날개가 햇빛에 반짝이니

빛날 요

曜

해

날개

새

풍경(風景) 사진을 찍고 싶어

- **풍경** (風 바람 풍 + 景 경치 경) 산이나 들, 강, 바다 따위의 자연 또는 지역의 모습.
- **배경** (背 등 배 + 景 경치 경) 뒤쪽의 경치.

빛나는 별! 요일(曜日)을 맡아라

- **요일** (曜 빛날 요, 요일 요 + 日 날 일) 일주일의 각 날을 이르는 말.
- **칠요** (七 일곱 칠 + 曜 빛날 요) 일곱 개의 빛나는 별.
  해, 달, 화성, 수성, 목성, 금성, 토성을 통틀어 이르는 말.

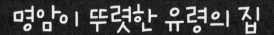

명암이 뚜렷한 유령의 집

빛이 있는 곳은 밝고, 빛이 없는 곳은 어두워.
그래서 밝은 것은 물론, 어두운 것을 나타내는
글자에도 빛을 뜻하는 日(해 일)이 들어가.

밝을 명

明

암흑은 정말 싫어!!

이히히히히힝~

얘들아, 어디 있는 거야!!

어두워서 소리만 들려.

어두울 암

暗

때로는 좁게, 때로는 넓게

햇살은 어디로든 두루 퍼져. 탁 트인 들판은 물론, 나뭇잎 사이로도
좁은 문틈으로도 햇살이 들지. 이렇게 햇살이 드는 모습을 글자에 담았어.

● 햇살이 널리 퍼지니

넓을 보

팔 벌린 두 사람
(넓다)

해

- **순간** (瞬 눈 깜짝일 순 + 間 사이 간) 눈 깜짝할 사이. 아주 짧은 동안.
- **공간** (空 빌 공 + 間 사이 간) 아무것도 없는 빈 곳. 어떤 일이 일어나는 곳.

보통(普通)이 아닌 미모

• 보통 (普 넓을 보 + 通 통할 통) 널리 통하여 특별하지 않음. 흔하고 평범함.
• 보급 (普 넓을 보 + 及 미칠 급) 널리 골고루 미치게 함.

난 이만 뿅~
달이랑 놀고 있어
내일 다시 올게!

달, 달, 무슨 달?

달을 뜻하는 月(달 월) 자는 초승달을 본떴어.

月(달 월) 자는 '달'과 관련된 글자에 두루 쓰여.
그런데 달이 뜨는 '저녁'을 뜻할 때는 특별히
夕(저녁 석) 자를 써. 月(달 월) 자에서 한 획을
빼어 만든 글자라 모양이 비슷하지.

02 ● 희미한 저녁달
夕 석　名 명

01 ● 밝은 보름달
朗 랑
望 망

03 ● 저녁달이 뜨면
外 외
夢 몽

달 월

속이 꽉 찬 보름달

옛사람들은 보름달을 보고 모자람 없는 넉넉함을 느꼈어.
속이 꽉 찬 보름달처럼 살림살이도 그렇게 풍성해지기를 바랐지.
그래서 밝은 보름달을 보며 풍년을 기원하고 소원도 빌었어.

• 良(좋을 량) 알곡을 고르는 농기구인 풍구를 본뜬 글자야.
곡식 중에서 속이 꽉 찬 좋은 알곡만 가려낸다는 데서 '좋다'라는 뜻이 나왔어.

• 언덕 위에서 달을 보며 기도하니

바랄 **망**

望

눈

달

언덕+사람

• **望(바랄 망)** 옛 모습은 눈 모양을 본뜬 (臣)이 亡으로 바뀌어 지금의 글자가 되었어.

명랑(明朗) 소녀 딴지

- **명랑** (明 밝을 명 + 朗 밝을 랑) 성격이나 표정이 밝고, 환함. 유쾌하고 활발함.
- **낭랑** (朗 밝을 랑 + 朗 밝을 랑)**하다** 빛이 매우 밝다. 소리가 맑고 또랑또랑하다.

달님, 실망(失望)이야!

- **실망** (失 잃을 실 + 望 바랄 망) 바라는 대로 되지 않아 마음이 몹시 상함.
- **망원경** (望 바랄 망, 바라볼 망 + 遠 멀 원 + 鏡 거울 경)
  멀리 있는 것을 크고 뚜렷하게 보도록 만든 물건.

흐릿한 달빛, 저녁달

어두워질 무렵에 뜬 저녁달은 한밤중의 달보다 흐릿하게 빛나지.
그래서 옛사람들은 흐린 저녁달을 나타내려고 月(달 월) 자를
기울여서 한 획을 뺀 夕(저녁 석) 자를 새로 만들었어.

● 어두워지며 저녁달이 떠올랐으니

저녁 **석**

夕

저녁달

어둠과 함께
나타난 나는
저녁달이다!

음화하하하

흐미하게
달이 보이네.

벌써
저녁인가?

어서 방아
찧으러 가요

눈도깨비 점집

신장
개업

어서 와~

저기 가서
놀까?

그래

빨리와~

잠꾸러기, 석양(夕陽)에 눈뜨다

• **석양** (夕 저녁 석 + 陽 볕 양) 저녁에 저무는 해. 저녁때의 햇빛.
• **추석** (秋 가을 추 + 夕 저녁 석) 한가위. 우리나라 명절의 하나로 음력 팔월 보름날.

누명(陋名) 쓴 고깔이

• **누명** (陋 더러울 루 + 名 이름 명) 잘못도 없이 억울하게 이름을 더럽히는 일.
• **유명** (有 있을 유 + 名 이름 명) 이름이 널리 알려져 있음.

저녁달이 뜰 때는

옛날 사람들은 앞날을 헤아리기 위해 자주 점을 쳤어. 점은 대개
밝은 낮에 쳤지. 어두울 때 점을 치면 맞지 않는다고 믿었거든.
그러니 저녁에 점을 치는 건 정말 뜻밖이지 뭐야.

● 저녁에 점치는 것은 예상 밖의 일이니

바깥 **외**

外

저녁 · 점

왜 저녁에 점을 쳐?
뜻밖이네.

소원대로 곧
예쁜 눈을 갖겠구나!

눈도깨비점집!

점이
맞을까요?

아닐걸…
다시 찾은
점굉음이

정말요?

졸려…
집에 가자~

만세!
만세!

복채 내놔!
복채

밤이라
피곤하네~

ㅏ(점 복) 옛날에는 거북의 배딱지나 짐승 뼈를 불에 구워 갈라지는 모양으로 점을 쳤어.
그 갈라진 모양을 본떠 ㅏ(점 복) 자를 만들었지.

외계인(外界人)이 궁금해

- **외계인** (外 바깥 외 + 界 지경 계 + 人 사람 인) 지구 밖 세계에 있다고 생각되는 사람.
- **외교** (外 바깥 외 + 交 사귈 교) 다른 나라와 관계를 맺는 일.

달밤의 동상이몽(同床異夢)

동상이몽 (同 같을 동 + 床 평상 상 + 異 다를 이 + 夢 꿈 몽)
같은 자리에 자면서 다른 꿈을 꿈. 겉으로는 같이 행동
하면서도 속으로는 서로 다른 생각을 함을 이르는 말.

몽상 (夢 꿈 몽 + 想 생각 상) 꿈처럼 헛된 생각.

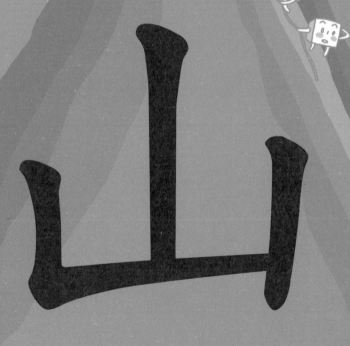

봉우리가 겹겹이 이어져

하늘을 향해 우뚝 솟은 봉우리가 보이니?
산에는 대개 이런 봉우리가 여러 개 이어져 있어.
그래서 산을 뜻하는 山(뫼 산) 자도
봉우리 3개를 이은 모양으로 나타냈지.

〽️ ➡ 山 ➡ 山

山(뫼 산)이 들어간 글자들은 높고 험한 산의 모습이나
산에서 볼 수 있는 바위, 벼랑 등을 뜻해.

02 • 바위산
岩 암
岳 악

03 • 상상의 산
仙 선
島 도

04 • 산기슭
炭 탄
崖 애

높은 산을 우러러

하늘에 닿을 듯 우뚝 솟은 산을 보면
웅장한 기운에 절로 고개가 숙여져.
그건 옛사람들도 마찬가지였나 봐.
높은 산을 우러러 사당을 짓고
제사를 지냈지.

애들이
콩알만 해
보이는군~

● 높은 건물보다 산이 더 높아

높을 **숭**

산

높은 건물

嵩

건물도 높은데
산은 더 높아!

재들은
누구?

무거워~

우왕

곰 숭배(崇拜) 마을

• **숭배** (崇 우러를 숭 + 拜 공경할 배) 우러러 공경함.
• **숭고** (崇 우러를 숭 + 高 높을 고) 뜻이 아주 높고 훌륭함.

숭례문(崇禮門)은 어떤 문?

이 문을 지날 땐 예의 있게!

숭례문! 숭례는 예를 높이 받든다는 뜻이야.

크캬캬캬

완전 받들어 모시도록

얘들?!?

오홍홍홍

에휴~

• **숭례문** (崇 우러를 숭 + 禮 예절 례 + 門 문 문)
서울의 남쪽에 있는 성문으로 사대문의 하나.
예를 받드는 문이라는 뜻으로 조선 태조 때
처음 세웠다. 우리나라의 국보 제1호.

49

험한 산에는 바위도 많아

높고 험한 산에 오르면 큰 바위가 많아.
봉우리 전체가 커다란 바윗덩어리인 산도 있지.
그래서 바위를 뜻하는 글자에 山(뫼 산) 자를 붙인 거야.

● 산봉우리가 겹쳐 더 크니

큰 산 악

岳

언덕
(봉우리 2)

산
(봉우리 3)

● 丘(언덕 구) 처음에는 언덕 두 개가 마주 보는 모습이었는데
  ⋔→𠀉→丘로 바뀌어 지금의 글자 모양이 되었어.

용암(鎔巖) 맛 좀 볼래?

• **용암** (鎔 녹일 용 + 巖 바위 암) 땅속에 녹아 흐르던 바위가 땅 위로 흘러나온 것.

험한 산악(山岳) 다 모여라!

- **산악** (山 뫼 산 + 岳 큰 산 악) 높고 험준하게 솟은 산들.
- **산악회** (山 뫼 산 + 岳 큰 산 악 + 會 모일 회) 등산하는 사람들의 모임.

신선과 새가 노니는 산

사람들이 우러러볼 만큼 신령스런 산에 사람이
산다면 분명 보통 사람과는 다를 거야.
영원히 죽지 않는 신선 정도는 돼야지.
그럼, 바다에 떠 있는 산에는 누가 살까?

신비로운 산에 사는 사람

신선 선

仙

사람   산

● 바닷새들이 쉬거나 머무는 산

섬 도

신선(神仙)놀음, 놀 땐 좋았지?

- **신선** (神 귀신 신 + 仙 신선 선)**놀음** 신선처럼 아무 걱정 없이
  즐겁게 지내는 것. 할 일을 다 잊고 어떤 놀이에 열중함.
- **선인장** (仙 신선 선 + 人 사람 인 + 掌 손바닥 장) 신선의 손바닥 모양을 한 식물.

독도(獨島)는 우리 땅!

- **독도** (獨 홀로 독 + 島 섬 도) 바다 한가운데 홀로 우뚝 선 섬. 경상북도 울릉군에 속한 섬 이름.
- **한반도** (韓 한국 한 + 半 반 반 + 島 섬 도) 한민족이 사는 반도. 대륙에 붙어 반은 섬이고 반은 육지인 땅을 반도라 함.

산기슭에서

경사진 비탈을 따라 내려오면 산기슭에 이르게 돼.
사람들은 완만한 기슭에서 나무를 하고, 나무를 구워 숯도 만들었어.
하지만 언제 가파른 벼랑을 만날지 모르니 일단은 조심할 것!

산기슭의 가마에서 숯을 구우니

숯 탄

炭

목탄(木炭) 동창회

- **목탄** (木 나무 목 + 炭 숯 탄) 숯. 나무를 가마 속에 구워 낸 검은 덩어리.
- **석탄** (石 돌 석 + 炭 숯 탄) 오랫동안 땅속에 묻혀 있던 식물이 변해 돌처럼 굳은 땔감. 연탄 등은 석탄을 가공하여 만듦.

단애(斷崖)로 튀어!

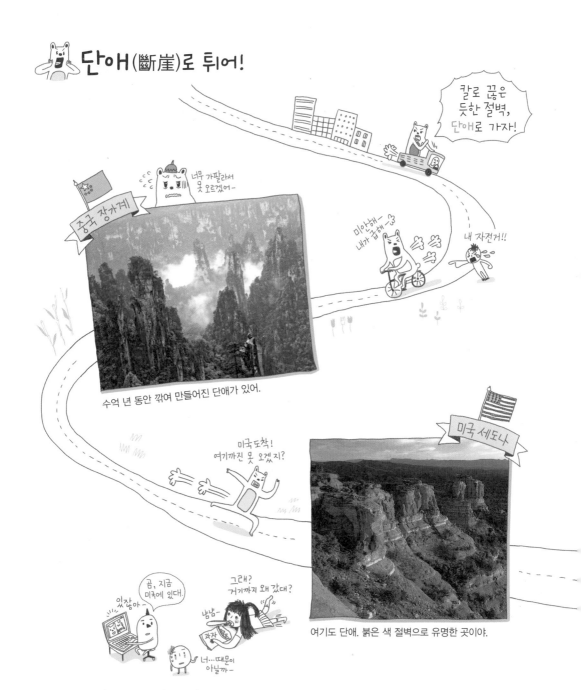

칼로 끊은 듯한 절벽, 단애로 가자!

너무 가팔라서 못 오르겠어~

중국 장가계

수억 년 동안 깎여 만들어진 단애가 있어.

미안해~ 내가 급해~

내 자전거!!

미국 도착! 여기까진 못 오겠지?

미국 세도나

여기도 단애. 붉은 색 절벽으로 유명한 곳이야.

곰, 지금 미국에 있대.

있잖아~

그래? 거기까지 왜 갔대?

냠냠 과자

너...때문이 아닐까~

• **단애** (斷 끊을 단 + 崖 벼랑 애) 칼로 끊은 듯 가파른 벼랑.
• **마애불** (磨 갈 마 + 崖 벼랑 애 + 佛 부처 불) 벼랑에 새긴 불상.

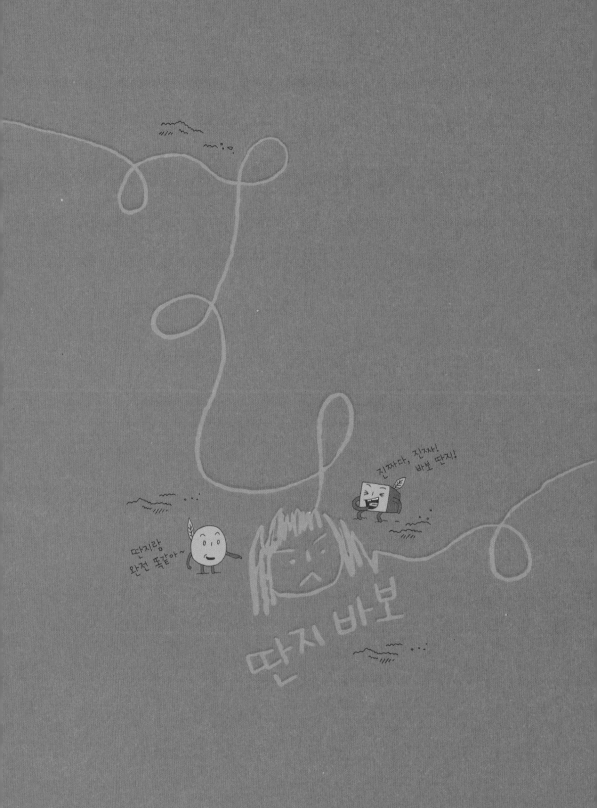

땅, 우리가 사는 땅이야

땅 위에 솟은 흙더미를 본떠 土(흙 토) 자를 만들었어.

흙이 땅 위에 있으니 土(흙 토)는 흙과 땅을 뜻해.
사람들은 땅 위에 집을 짓고 마을을 세워 살아가지.
그래서 土(흙 토)가 들어간 글자에는 땅과 더불어
살아가는 사람들의 생활 모습도 담겨 있어.

01 • 드넓은 땅
地 (지)
坤 (곤)

02 • 땅 위의 마을
坊 (방)
場 (장)

03 • 사람이 앉는 땅
坐 (좌)
座 (좌)

흙 토

하늘 아래 펼쳐진 땅

땅을 봐! 길이 끝없이 이어진 땅도 있고, 멀리 하늘과 맞닿은
지평선이 보이는 땅도 있어. 땅의 모양은 제각각 달라도 땅에는
흙이 쌓여 있지. 그래서 땅을 뜻하는 글자에는 土(흙 토)가 들어가.

● 뱀처럼 구불구불한 길이 이어진 땅

땅 지

地

땅   뱀

머나먼 오지(奧地)를 찾아서

• 오지 (奧 속 오 + 地 땅 지) 해안이나 도시에서
　멀리 떨어져 사람이 많이 살지 않는 대륙 안쪽의 땅.

• 지도 (地 땅 지 + 圖 그림 도) 땅의 생김새를 줄여 평면에 나타낸 그림.

지구(地球)는 둥그니까~

- **지구** (地 땅 지 + 球 공 구) 공처럼 생긴 둥근 땅. 우리가 사는 별.
- **지축** (地 땅 지 + 軸 축 축) 지구가 자전할 때 중심이 되는 축.

땅 위에 마을을 세워

넓은 땅을 이리저리 떠돌던 사람들이 한자리에 터를 잡고
살기 시작했어. 울퉁불퉁한 땅을 평평하게 골라 집을 짓고,
땅을 갈아 논밭도 만들었지. 여기가 바로 우리가 사는 마을이야.

● 쟁기로 땅을 골라 마을을 세우니

동네 **방**

도로시 찾아 방방곡곡(坊坊曲曲)

- **방방곡곡** (坊 동네 방 + 坊 동네 방 + 曲 굽을 곡 + 曲 굽을 곡)
  동네마다 굽이마다 한 군데도 빠짐이 없는 모든 곳.
- **동네방네** (洞 동네 동 + 네 + 坊 동네 방 + 네) 온 동네. 이 동네 저 동네.

서울 광장(廣場)으로 모여라!

-월드컵 응원단 모집-

• **광장** (廣 넓을 광 + 場 마당 장) 많은 사람이 모일 수 있게 거리에 만든 넓은 마당.
• **시장** (市 시장 시 + 場 마당 장) 사람들이 모여 물건을 사고파는 곳.

앉자! 자리에 앉자!

바닥에 앉아 봐. 이 모양을 본떠 '앉다'라는 뜻의 坐(앉을 좌) 자를 만들었어.
그리고 여기에 건물, 장소란 뜻을 가진 广(집 엄) 자를 붙여 앉는 장소,
즉 '자리'를 뜻하는 座(자리 좌) 자를 만들었지. 글자 만들기 참 쉽지?

● 집에서 사람이 앉는 곳은

자리 **좌**

座

🏠 집

🧍 사람×2

⛰️ 땅

자리에 앉아!
어서 회의하자.

왜? 같이 노니까
재밌는데…

시끄러운 애들
쫓아낼 방법 없을까?

이제 진짜
오즈로 가자!

여긴 도로시
없나 봐

집에 안 가?

싫어
더 놀래

75

좌상(坐像) 흉내는 어려워!

- **좌상** (坐 앉을 좌 + 像 형상 상) 앉은 모습을 나타낸 그림이나 조각 등의 미술 작품.
- **좌판** (坐 앉을 좌 + 板 널빤지 판) 땅에 늘어놓고 앉게 한 널빤지.

5인용 특급 좌석(座席) 완비

- **좌석** (座 자리 좌 + 席 자리 석) 앉을 수 있게 마련된 자리.
- **좌담** (座 자리 좌 + 談 이야기 담) 여러 사람이 한자리에 모여 이야기를 나누는 일.

01 • 샘물이 퐁퐁
泉 천
源 원

물 수

02 • 물속에 풍덩

沒 몰
沈 침
浮 부

03 • 더운물, 끓는 물

溫 온
湯 탕

물이 흐르는 강에서

옛날 사람들은 주로 강가에서 살았어.
강물을 길어다 먹고 강물로 씻고
사는 데 필요한 물은 거의 강에서 얻었거든.
그래서 물을 뜻하는 水(물 수) 자도
강물이 흐르는 모양을 본떠 만들었지.

솟아나는 샘물

흐르는 강물은 어디서 오는 걸까? 강을 거꾸로 거슬러
오르면 땅에서 물이 퐁퐁 솟아나는 샘을 만나게 돼.
이 샘이 바로 강물이 시작된 곳, 원천이야.

- **온천** (溫 따뜻할 온 + 泉 샘 천) 따뜻한 물이 솟아 나오는 샘.
- **광천수** (鑛 쇳돌 광 + 泉 샘 천 + 水 물 수) 광물질이 많이 들어 있는 샘물.

이 물의 **원천**(源泉)은 비밀

- **원천** (源 근원 원 + 泉 샘 천) 물이 처음 흘러나오는 곳. 사물의 근원.
- **근원** (根 뿌리 근 + 源 근원 원) 물줄기가 나오기 시작하는 곳. 어떤 일이 비롯되는 바탕이나 까닭.

물에 빠진 사람

사람이 물에 빠졌어. 거센 물살에 휩쓸려 손만 보이더니
어느새 물속에 잠겨 보이지 않네. 얼른 물 밖으로 꺼내 줘야 해.

● 물속으로 사람이 가라앉으니

잠길 **침**

沈

물 · 빠진 사람

● 물에 빠진 사람을 손으로 들어 올리니

뜰 **부**

浮

손 · 물 · 사람

모험호의 어지러운 부침(浮沈)

- **부침** (浮 뜰 부 + 沈 잠길 침) 물 위에 떴다 물속에 잠겼다 함.
- **부표** (浮 뜰 부 + 標 표시 표) 물 위에 띄워 어떤 표적으로 삼는 물건.

모험호의 어이없는 침몰(沈沒)

- **침몰** (沈 잠길 침 + 沒 빠질 몰) 물속에 가라앉음. 세력이나 기운이 쇠함.
- **격침** (擊 부딪칠 격 + 沈 잠길 침) 배를 공격하여 가라앉힘.

따뜻한 물, 끓는 물

강에서 바로 떠온 물은 차가워. 그래서 사람들은 필요에 따라
물을 데우거나 끓여서 썼어. 목욕할 때는 물을 따뜻하게 데우고,
음식을 하거나 탕약을 지을 때는 물을 펄펄 끓였지.

지금 온도(溫度)는 몇 도?

- **온도** (溫 따뜻할 온 + 度 정도 도) 따뜻함과 차가움의 정도.
- **온도계** (溫 따뜻할 온 + 度 정도 도 + 計 셀 계)
  따뜻함의 정도를 재는 기구.
- **기온** (氣 공기 기 + 溫 따뜻할 온) 공기의 온도.

뜨거운 탕(湯)들의 한판 승부

• **〇〇탕** (〇〇湯 끓일 탕) 오래 끓여 진한 국물을 낸 국. 달여 먹는 약.
• **목욕탕** (沐 머리 감을 목 + 浴 목욕할 욕 + 湯 끓일 탕) 목욕할 수 있게 만든 곳.

01 • 재와 불
灰 회
炊 취

02 • 불과 요리
烹 팽
熟 숙

불 화

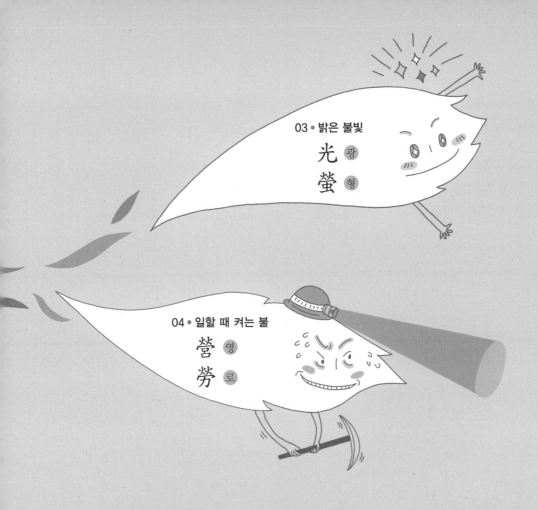

03 • 밝은 불빛

光 광

螢 형

04 • 일할 때 켜는 불

營 영

勞 로

뜨거운 불, 환한 불빛

불을 뜻하는 火(불 화) 자는
불꽃이 타오르는 모양을 본떠 만들었어.

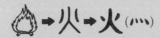 ➡ 火 ➡ 火 (灬)

뜨거운 열과 밝은 빛을 내는 불은 쓸모가 많았어.
火(불 화) 자를 넣어 만든 글자들을 보면
사람들이 불을 어떻게 이용했는지 알 수 있어.

재 속에 불씨를 묻었다가

옛날에는 불을 피우는 게 참 힘든 일이었어. 그래서 옛사람들은
불을 완전히 꺼뜨리지 않고 불씨를 남겨서 재 속에 묻어 두었어.
이렇게 하면 필요할 때마다 불씨를 꺼내 쉽게 불을 붙일 수 있었거든.

● 불씨를 찾으려고 뒤적이는 것이 재이니

• 欠 (하품 흠) 사람이 입을 크게 벌리고 숨을 내뱉는 모습을 본떠 만든 글자야.

회색(灰色)이 필요해?

- **회색** (灰 재 회 + 色 빛 색) 재의 빛깔과 같이 흰빛을 띤 검정.
- **석회** (石 돌 석 + 灰 재 회) 석회석을 구워 만든 흰 가루.

취사(炊事)는 참 쉬워!

무인도 생활 10년
로빈슨 그루소

주방 경력 5년
후라이데이

뒤치다꺼리
전문 고깔이

라면 끓여 봄!
딴지

취사는
이렇게!

얍! 얍!

화르르르르르르

요리는 나도
좀 한다구~

불 때서 밥을
지으면 되지?

물은 얼마나…
응?

바보! 이렇게
간단한 걸 가지고

꾹!

취사를 시작합니다.
딩동댕~

• **취사** (炊 불 땔 취 + 事 일 사)
  불을 때서 밥이나 음식을 만드는 일.

• **자취** (自 스스로 자 + 炊 불 땔 취)
  손수 밥을 지어 먹으면서 생활함.

어떻게 익힐까?

불을 사용하면서부터 요리 방법도 다양해졌어.
옛날에는 날것을 먹고 살던 사람들이 불을 이용해 굽거나
삶는 등 다양한 방법으로 음식을 익혀 먹기 시작했어.

무시무시한 **토사구팽**(兎死狗烹)

* **토사구팽** (兎 토끼 토 + 死 죽을 사 + 狗 개 구 + 烹 삶을 팽)
  토끼를 잡으면 사냥개를 삶아 먹는다는 뜻으로, 필요할 때는
  쓰고 필요 없을 때는 야박하게 버리는 경우를 이르는 말.

완숙(完熟) 요리는 시간이 필요해

- **완숙** (完 완전할 완 + 熟 익을 숙)
  음식을 완전히 익힘.
- **숙달** (熟 익을 숙 + 達 통달할 달)
  어떤 일에 익숙하게 통달함.

火 | 光·螢

퍼져라! 불빛

불을 밝히면 어둡던 주변이 환해져. 바로 불빛 때문이지.
그래서 빛과 관련된 글자에도 火(불 화) 자가 들어가.

사람이 불을 들고 주위를 비추니

빛 광

光

불

사람

● 꽁무니에서 빛이 나는 벌레

반딧불 형

 불

 퍼지는 빛

 벌레

螢

꽁무니가
반짝반짝해.

우왓
너무커!

대왕
반딧불이다.

등불로 써도
되겠네

반딧불,
반딧불-

레이저 광선(光線) 파티!

- **광선** (光 빛 광 + 線 줄 선) 곧게 뻗어 나오는 빛의 줄기.
- **광합성** (光 빛 광 + 合 합할 합 + 成 이룰 성) 녹색 식물이
  빛을 받아 이산화 탄소와 물로 양분을 만드는 일.

형광(螢光)과의 슬픈 이별

• **형광** (螢 반딧불 형 + 光 빛 광) 반딧불의 빛. 형광 물질이 내는 빛.
• **형광등** (螢 반딧불 형 + 光 빛 광 + 燈 등잔 등) 유리관 속에 빛나는 형광 물질을 바른 전등.

불, 밤을 밝혀라

불을 쓰기 전까지는 밤에 할 수 있는 일이 별로 없었어.
사방이 깜깜한데 농사를 짓겠니? 가축을 돌보겠니? 하지만 불을
쓰면서 달라졌어. 밤에도 불을 밝히고 얼마든지 일할 수 있으니까.

● 불 밝힌 큰 집에서 일을 꾸려 나가면

경영할 **영**

불X2

큰 집

도전! 영농(營農) 일꾼 뽑기

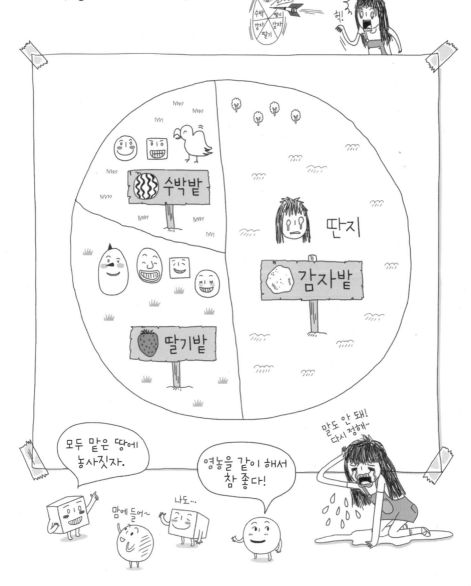

- **영농** (營 경영할 영 + 農 농사 농) 농사일을 꾸려 나감.
- **경영** (經 다스릴 경 + 營 경영할 영) 회사나 가게, 살림 따위를 꾸려 나가는 일.

온종일 노동(勞動)했더니...

- **노동** (勞 일할 로 + 動 움직일 동) 몸을 움직이거나 머리를 써서 일을 함.
- **피로** (疲 지칠 피 + 勞 일할 로) 일을 너무 많이 해서 정신이나 몸이 지쳐 힘든 상태.

비야, 비야! 내려라

비를 뜻하는 雨(비 우) 자는 구름에서 빗방울이
떨어지는 모양을 본떠 만들었어.

🌧️ ➡ 霝 ➡ 雨

지금도 그렇지만 옛날에는 특히 비가 중요했어.
한 해 농사가 모두 비에 달려 있었으니까.
그래서 雨(비 우) 자는 날씨를 나타낼 뿐 아니라
하늘에 비는 제사와 관련된 글자에도 들어가.

01 • 구름과 눈
雲 운
雪 설

02 • 천둥 번개
電 전
雷 뢰

雨

비·우

구름이 되고 눈이 되고

공기 중의 작은 물방울이 모이고 모여 구름이 돼. 구름 속의 물방울이 커지면 땅으로 떨어지지. 날씨가 따뜻할 때는 비로, 추울 때는 눈으로.

● 눈이 내려 쌓이면 빗자루로 쓸어 내니

눈 설

雪

비(눈)

빗자루

어쩔 수 없는 운집(雲集)

• **운집** (雲 구름 운 + 集 모일 집) 구름처럼 모인다는 뜻. 많은 사람이 모여듦.
• **풍운** (風 바람 풍 + 雲 구름 운) 바람과 구름.

폭설(暴雪)에 파묻히다!

- **폭설** (暴 사나울 폭 + 雪 눈 설) 갑자기 많이 내리는 눈.
- **설경** (雪 눈 설 + 景 경치 경) 눈이 내리거나 눈이 쌓인 경치.

번개가 번쩍, 천둥이 꽈르릉

주로 비 오는 날에 천둥 번개가 쳐.
그래서 번개와 천둥을 뜻하는 글자에도 雨(비 우) 자가 들어가.

• **電(번개 전)** 구름에서 전기가 흘러나와 번개가 생긴다는 사실이 알려진 후,
'전기'라는 새로운 뜻을 갖게 되었어.

● 비 오는 날 땅을 울리는 천둥소리

우레 뢰

위험천만한 감전(感電) 사고

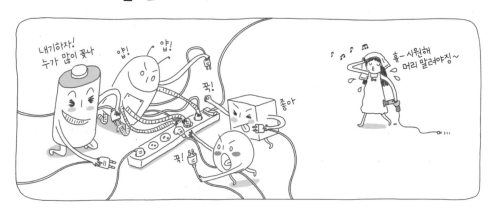

- **감전** (感 느낄 감 + 電 번개 전, 전기 전) 전기가 흐르는 물체에 몸이 닿아 충격을 받는 것.
- **전선** (電 번개 전, 전기 전 + 線 줄 선) 전기가 흐르는 물질로 만든 선. 전깃줄.

뇌성(雷聲) vs 딴지, 누가 이길까?

- **뇌성** (雷 우레 뢰 + 聲 소리 성) 천둥소리.
- **뇌우** (雷 우레 뢰 + 雨 비 우) 천둥소리와 함께 내리는 비.

하늘이여, 비를 내려 주소서

옛날에는 비가 내리는 것도, 비가 그치는 것도 모두 하늘의 뜻이라 생각했어.
그래서 가뭄이 들면 하늘에 비를 바라는 제사, 기우제를 지냈어.

• 而(말 이을 이) 사람의 수염을 본뜬 글자로 옛 모습은 𝍄.
  옛날에는 학식이 있고 덕망이 높은 수염 난 어른이 제사를 담당했어.

● 비를 부르는 무당이 신통하니

신령 령

霝
비

입×3

무당

● 巫(무당 무) 원래 무당이 신에게 기도할 때 쓰는 도구(工)를 본뜬 글자야. 그러다 무당이라는 뜻으로 쓰이게 됐지.

소풍의 **필수품(必需品)**은?

소풍 가자!
꼭 가져가야
할 것을 말해 봐.

김밥이 꼭
필요해.

돗자리도
필요하지

선글
라스

음… 우리는—

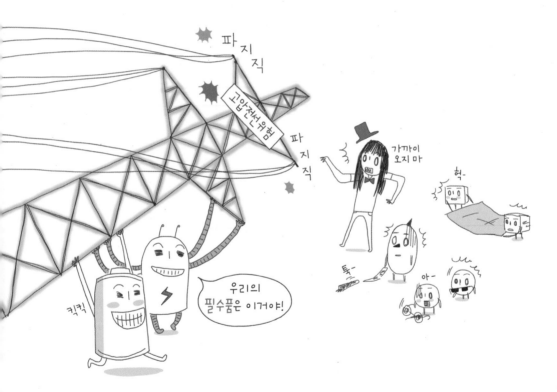

파
지
직

고압전선위험

파
지
직

가까이
오지마

헉

툭—

아—

킥킥

우리의
필수품은 이거야!

• **필수품** (必 반드시 필 + 需 구할 수, 쓰일 수 + 品 물건 품) 어떤 일을 하는 데 반드시 필요한 물건.
• **수요** (需 구할 수 + 要 구할 요) 필요한 물건을 사서 구하려는 욕구.

공동묘지의 유령(幽靈) 파티

- **유령** (幽 귀신 유 + 靈 신령 령) 죽은 사람의 혼령.
- **영혼** (靈 신령 령 + 魂 넋 혼) 죽은 사람의 넋.
  몸에 깃들어 생명을 주는 것.

비 오는 날의 풍경

비가 오면 창밖을 내다봐. 우산을 쓰고 종종걸음을 걷는 사람들이 보이니?
가방으로 머리를 가린 채 재빨리 뛰어가는 사람도 보일 거야.
옛날에는 비 오는 날 어떤 풍경을 볼 수 있었을까?

● 지붕 틈으로 빗물이 들어오니

샐 루

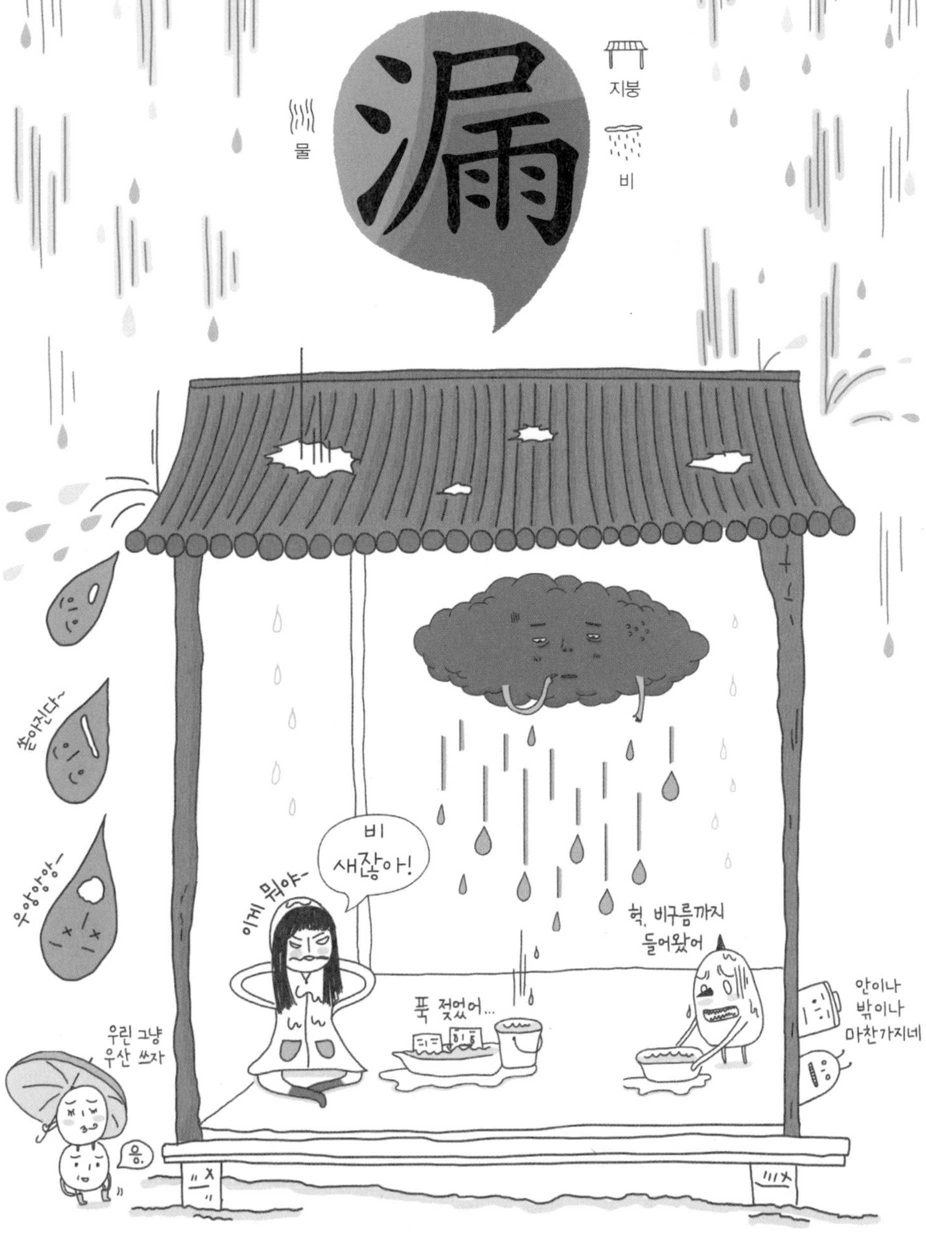

누전(漏電)의 원인은?

전등이 나갔어.

팟!

혹시 누전됐나?

누전?
전기가 샌다고?

어서 살펴보고 왓!

우엥~

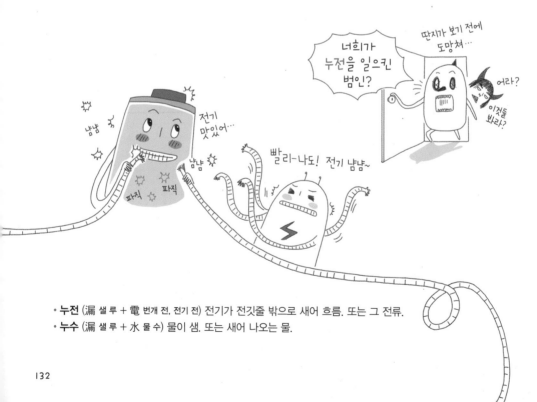

너희가 누전을 일으킨 범인?

딴지가 보기 전에 도망쳐…

어라? 이것들 봐라?

전기 맛있어…

냠냠

냠냠

빨리-나도! 전기 냠냠~

파직 파직

- **누전** (漏 샐 루 + 電 번개 전, 전기 전) 전기가 전깃줄 밖으로 새어 흐름. 또는 그 전류.
- **누수** (漏 샐 루 + 水 물 수) 물이 샘. 또는 새어 나오는 물.

시험 점수 누출(漏出) 사건

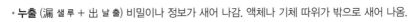

* **누출** (漏 샐 루 + 出 날 출) 비밀이나 정보가 새어 나감. 액체나 기체 따위가 밖으로 새어 나옴.

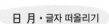

日 月 · 글자 떠올리기

쭈르륵 동아줄 타기

해님과 달님이 다른 그림을 만나면 어떤 글자가 만들어질까?
어울리는 글자를 동아줄 아래에 적어 봐.

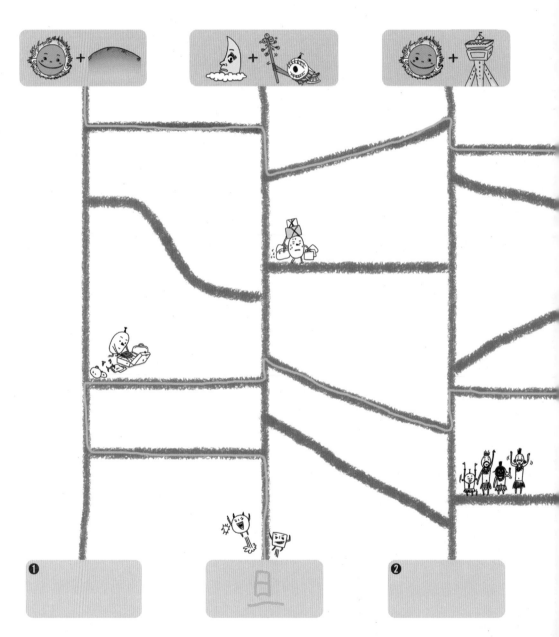

❶

旦

❷

名 間 景 外 普 旦

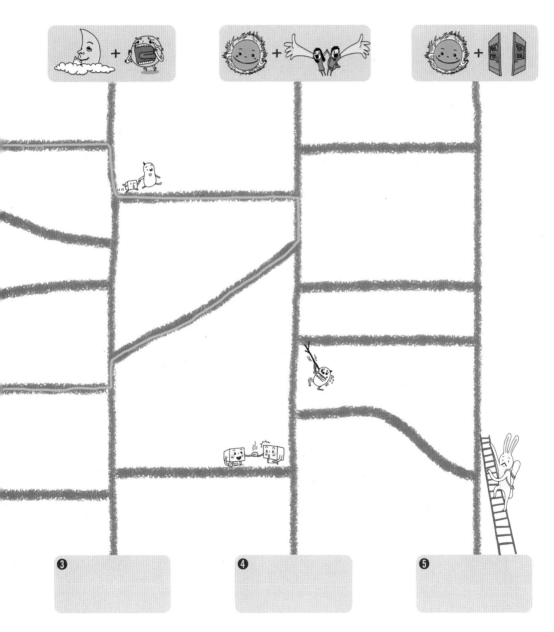

❸

❹

❺

과자 속 글자로 그림 찾기

과자에 새겨진 글자와 어울리는 그림을 찾아 선으로 이어 봐.

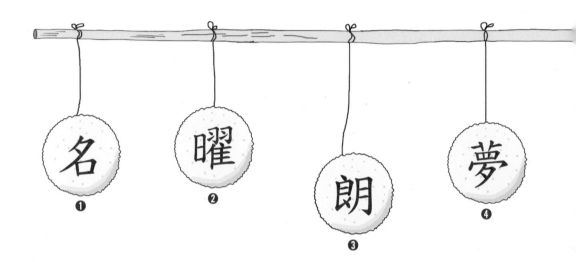

① 名   ② 曜   ③ 朗   ④ 夢

가

나

다

라

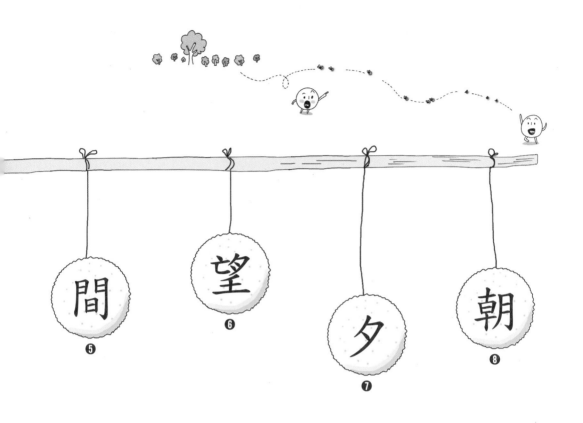

間
⑤

望
⑥

夕
⑦

朝
⑧

마

바

사

아

딴지의 비밀 일기

딴지가 기호를 넣어서 비밀 일기를 썼어.
기호 해독표를 보고, 딴지의 비밀 일기를 읽어 봐.

2020년 3월 15일 맑음

저녁에 내 방 창문으로 붉은 빛이 들어왔다.

해가 저물어 비치는 ♣양이라고 생각했는데,

밖에 나가 보니 놀라운 풍◑이 펼쳐져 있었다.

뒷동산에 비행접시가 떨어져 있는 거다.

가까이 다가가니 지구 밖에서 온 ◈계인들이 손가락으로

V 자를 그리며 뒷동산을 배◑으로 사진을 찍고 있었다.

딴지 : 아하하하, 안녕! ◈계인 친구들.

외계인 : 안녕, 지구인! 넌 참 성격이 밝고 명▲하구나.

딴지 : 지구에 왜 왔어? 아침밥 먹었어? 너네 별로 언제 가?

외계인 : 소풍 왔지. 우린 ★식 안 먹어.

　　　　내일 이른 아침, 조★에 갈 거야.

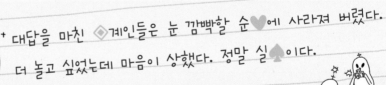

대답을 마친 ◈계인들은 눈 깜빡할 순♥에 사라져 버렸다.

더 놀고 싶었는데 마음이 상했다. 정말 실♠이다.

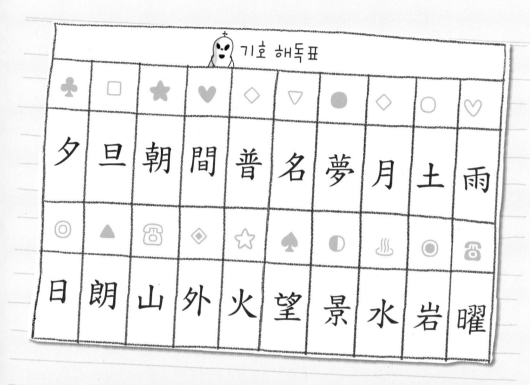

♣	☐	★	♥	◇	▽	●	◇	○	♡
夕	旦	朝	間	普	名	夢	月	土	雨
◎	▲	☎	◈	☆	♠	◐	♨	◎	☎
日	朗	山	外	火	望	景	水	岩	曜

기호 해독표

한자툰을 읽었는데 기억이....

내 일기는 아무도 못 읽을 거야!

산길 따라 그림 색칠하기

산길을 따라가며 글자에 들어 있는 그림을 골라서 색칠해 봐.

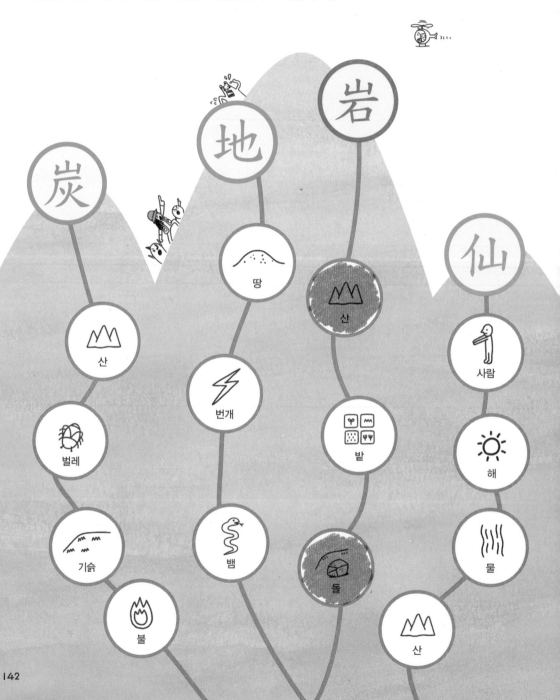

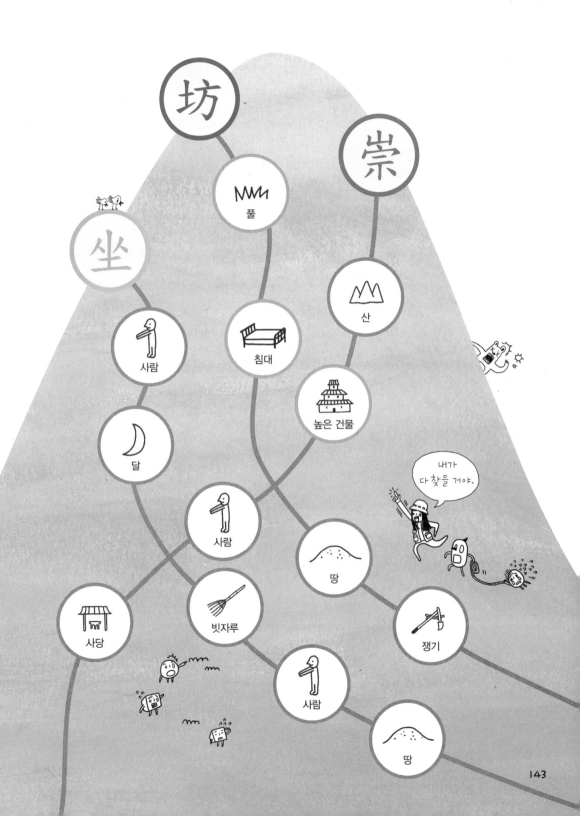

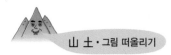

쌍쌍 대관람차 꾸미기

두 개의 대관람차가 짝을 이루게 그림과 글자를 맞춰 보자.

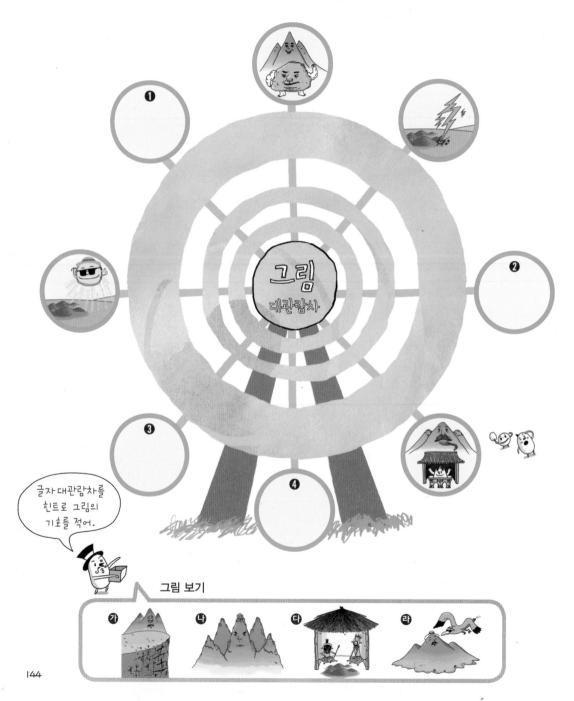

그림 보기

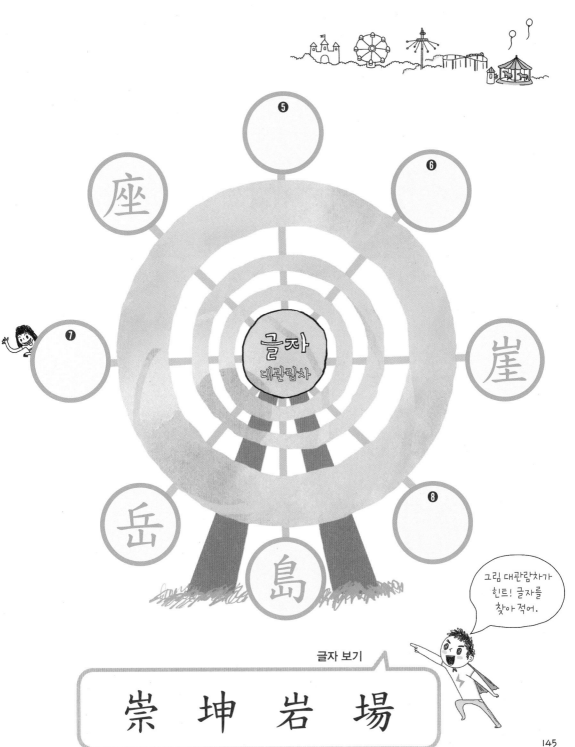

글자 보기

崇 坤 岩 場

145

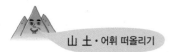
그림 속 말풍선 채우기

빈칸에 알맞은 단어를 보기에서 찾아 적어 봐.

❶ 고깔이가 앉은 곳은 어디?

답: _____

❷ 곰을 우러러 공경하는 마을

답: _____

146

단어 보기

崇拜 숭배	坊坊曲曲 방방곡곡	木炭 목탄	座席 좌석
山岳 산악	神仙놀음 신선놀음	鎔岩 용암	廣場 광장

❸ 분노한 화산이 쏟아 낸 것은?

답: _____

❹ 동네마다 굽이마다

답: _____

도전! 그림 모아 글자 맞히기

그림이 모이면 어떤 글자가 될까?
빈 곳에 알맞은 글자를 보기에서 찾아 적어 봐.

불 + 사람	물 소용돌이 손 ❶	냄비 불 ❷
光		
불x2 큰 집 ❸	물 해+햇살 ❹	바위+물방울 물 ❺
불x2 퍼지는 빛 벌레 ❻	물 기슭 샘 ❼	물 손 사람 ❽

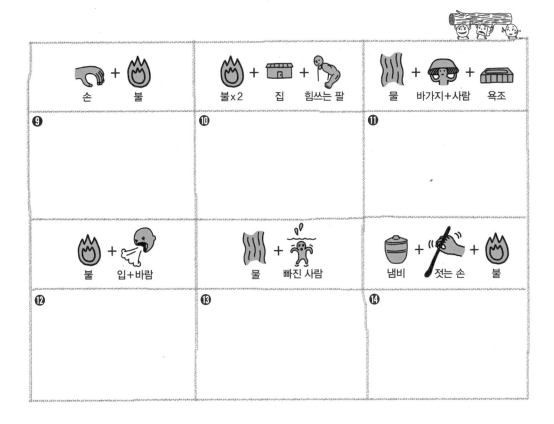

손 불 +	불x2 집 힘쓰는 팔 + +	물 바가지+사람 욕조 + +
⑨	⑩	⑪
불 입+바람 +	물 빠진 사람 +	냄비 젓는 손 불 + +
⑫	⑬	⑭

글자 보기

光 沈 灰 沒 烹
浮 營 炊 湯 勞
泉 螢 熟 溫 源

고깔아, 빨리 적어.

149

출발! 쌍둥이 마을

곰이 쌍둥이처럼 닮은 글자 마을과 그림 마을로 여행을 떠났어.
두 마을이 짝을 이루게 빈칸에 알맞은 글자와 그림을 넣어 봐.

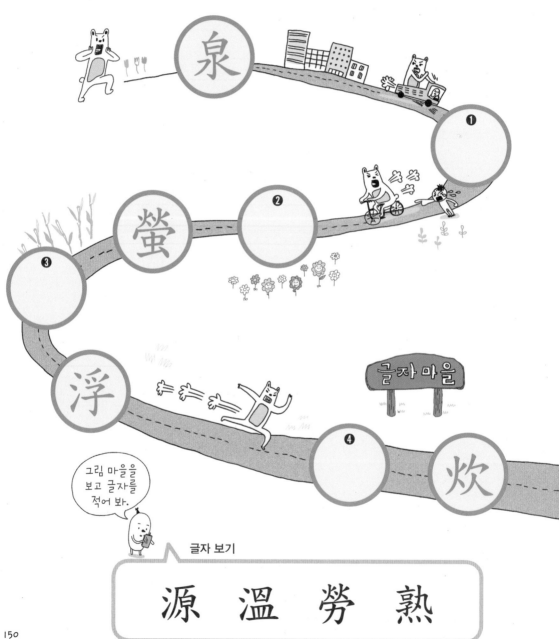

그림 마을을
보고 글자를
적어 봐.

글자 보기

源 溫 勞 熟

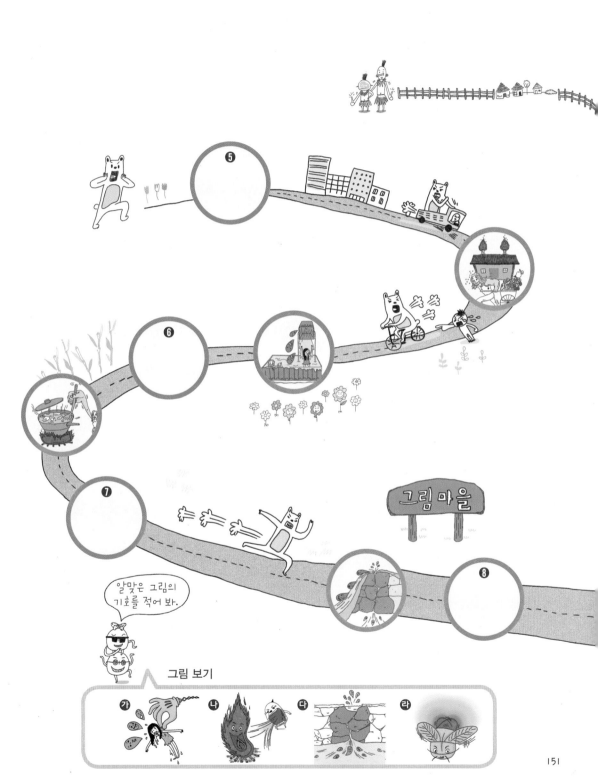

5

6

7

8

그림마을

알맞은 그림의
기호를 적어 봐.

그림 보기

가   나   다   라

해적 선장의 항해 일지

보물 찾는 법이 담긴 해적 선장의 항해 일지를 얻었어.
단어 보기에서 밑줄에 들어갈 단어를 찾아 항해 일지를 읽어 봐.

거친 파도를 헤치며 배를 오래 몰았더니

몸도 마음도 지쳐서 몹시 ❶_____ 하다.

파도에 배가 떴다 잠겼다 ❷_____ 을 거듭했기 때문에

나는 선장 체면이 무색하게 멀미까지 했다.

지금 우리 배가 있는 곳은 2년 전 깊은 바다 밑으로

❸_____ 한 보물선이 있던 곳이다. 그때 나는 보물선에서

보물 상자를 꺼내 근처 섬에 묻어 두었다.

보물 상자를 찾으려면 뾰족한 산을 지나 섬을 가로지르는

강물이 시작된 곳, ❹_____ 을 먼저 찾아야 한다. 따뜻한 물이

땅에서 솟아나는 ❺_____ 이라면 제대로 찾은 것이다.

그곳에서 왼쪽 숲 가운데로 걸어가면 재로 뒤덮인 듯

❻_____ 을 띤 땅이 나올 것이다. 구름을 뚫고

해에서 나온 한 줄기 ❼_____ 이 내리쬐는

곳에 보물 상자가 묻혀 있다.

단어 보기

源泉 원천	光線 광선	疲勞 피로	浮沈 부침
勞動 노동	螢光 형광	溫泉 온천	經營 경영
灰色 회색	沈沒 침몰	營農 영농	溫度 온도

주룩주룩 비와 함께 사다리 건너기

비가 다른 그림을 만나면 어떤 글자가 되는지 사다리 끝에 적어 봐.

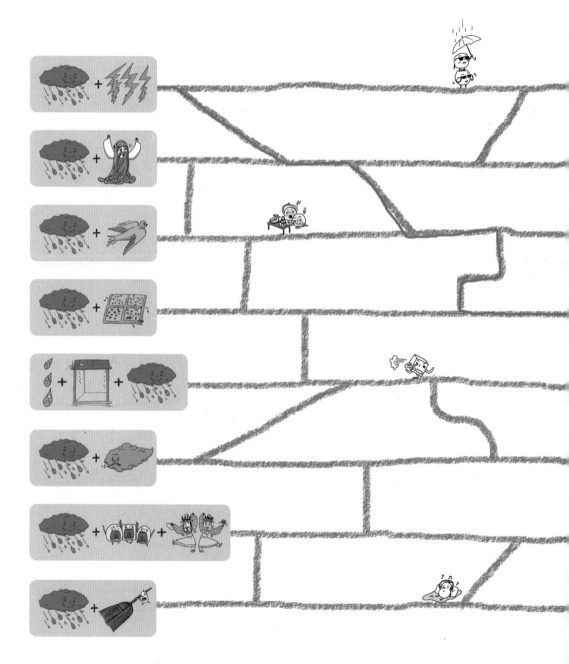

電 靈 雪 雷 需 漏 霍 雲

❶

❷

❸

❹

❺

❻

❼

電

글자 옆방에 사는 그림 찾기

글자 옆방에는 짝을 이루는 그림이 살고 있어.
빈칸에 알맞은 그림을 보기에서 찾아 기호를 적어 봐.

그림 보기

낱말 퍼즐 맞추기

가로 열쇠와 세로 열쇠를 힌트로 낱말 퍼즐을 맞춰 봐.

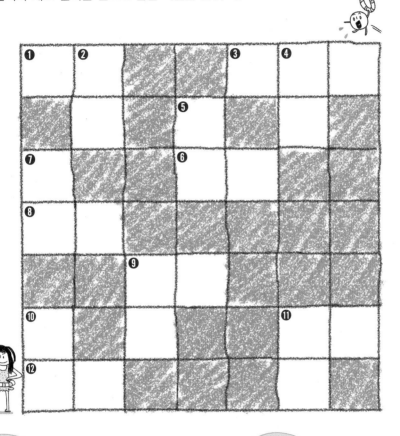

가로 열쇠

❶ 風雲 바람과 구름.

❸ 必需品 어떤 일을 하는 데 반드시 필요한 물건.

❻ 靈魂 죽은 사람의 넋.

❽ 雪景 눈이 내리거나 눈이 쌓인 경치.

❾ 雷聲 천둥소리.

⓫ 漏電 전기가 전깃줄 밖으로 새어 흐름.

⓬ 電線 전기가 흐르는 물질로 만든 선. 전깃줄.

세로 열쇠

❷ 雲集 구름처럼 모인다는 뜻.

❹ 需要 필요한 물건을 사서 구하려는 욕구.

❺ 幽靈 죽은 사람의 혼령.

❼ 暴雪 갑자기 많이 내리는 눈.

❾ 雷雨 천둥소리와 함께 내리는 비.

❿ 感電 전기가 흐르는 물체에 몸이 닿아 충격을 받는 것.

⓫ 漏出 비밀이나 정보가 새어 나감.

p136~137 쭈르륵 동아줄 타기

❶ 普 ❷ 間 ❸ 外 ❹ 名 ❺ 景

p138~139 과자 속 글자로 그림 찾기

❶ 나 ❷ 라 ❸ 다 ❹ 가 ❺ 아 ❻ 마 ❼ 바 ❽ 사

p140~141 딴지의 비밀 일기

♣ 석 ◑ 경 ◈ 외 ◑ 경 ◈ 외 ▲ 랑 ★ 조 ★ 조
◈ 외 ♥ 간 ♠ 망

p142~143 산길 따라 그림 색칠하기

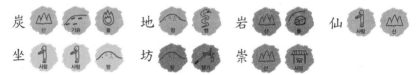

炭 산 기슭 불   地 땅 뱀   岩 산 돌   仙 사람 산
坐 사람 사람 땅   坊 땅 불기   崇 산 사당

p144~145 쌍쌍 대관람차 꾸미기

❶ 다 ❷ 가 ❸ 나 ❹ 라 ❺ 岩 ❻ 坤 ❼ 場 ❽ 崇

p146~147 그림 속 말풍선 채우기

❶ 좌석 ❷ 숭배 ❸ 용암 ❹ 방방곡곡

p148~149 도전! 그림 모아 글자 맞히기

❶ 沒 ❷ 烹 ❸ 營 ❹ 湯 ❺ 泉 ❻ 螢 ❼ 源 ❽ 浮
❾ 灰 ❿ 勞 ⓫ 溫 ⓬ 炊 ⓭ 沈 ⓮ 熟

풍	운			필	수	품
	집		유	요		
폭			령(영)	혼		
설	경					
		뇌	성			
감		우		누	전	
전	선			출		

찾아보기